AF337142

ORAISON
FUNEBRE
DE TRÈS-HABILE,
TRÈS-ÉLÉGANT,
TRES-MERVEILLEUX
CHRISTOPHE SCHELING,
MAITRE TAILLEUR
DE PARIS,

Prononcée le 18 Février 1761,

DANS LA SALLE
DU
CÉLÉBRE ALÉXANDRE,

LIMONADIER AU BOULEVART.

A PARIS.

1761.

Fama multis memoratus in oris.

Son nom le rendit fameux dans plusieurs contrées. VIRGILE au *Liv. 7. de l'Enéide.*

C'EST ainsi, Messieurs, que le Prince des Poëtes, si riche en expressions, caractérise une certaine Ville d'Italie, fameuse par ses événemens; & c'est ainsi que nous croyons pouvoir vous désigner le Héros du bon goût, le protocole des graces, le créateur des modes, l'ornement du siécle, en un mot la perle des Tailleurs. SCHELING l'incomparable, dont la mémoire se perpétuera d'âge en âge , & ranimera l'efprit de parure jufques dans les tems les plus reculés. *Fama multis memoratus in oris.*

Il eft donc mort ce perfonnage célébre , que toutes les Nations venoient confulter , & qui toujours égal à lui-même , & fupérieur à tous les hommes recommandables par leurs talens, fçut tenir une aiguille auffi adroitement que Minerve , & déterminer les couleurs avec autant de difcernement & d'intelligence que Flore choifit les plus belles anémones au milieu de fes jardins.

Tout fe mine , tout s'écroule , tout périt : la mort , l'impitoyable mort fe plait à réduire en poudre le Tailleur ainfi que le Berger : on diroit que jaloufe de la gloire des hommes & de leur bonheur, elle se hâte de moissonner ceux qui décorent l'humanité & qui la rendent éclatante.

Si quelqu'un eût dû voir sa carriere aussi longue que celle des Patriarches, c'étoit sans doute le sçavant que nous pleurons. Bien différent de ces Géometres qui ne peuvent qu'ennuyer, de ces Métaphysiciens qui ne parlent que d'êtres imaginaires, de ces Philosophes qui voudroient anéantir ce monde pour en former un autre plus conforme à leur goût, il imagina des manieres de se vêtir, que ni les Grecs, ni les Romains, ni les François mêmes les plus clairvoyans n'avoient pu trouver. *Fama multis memoratus in oris.*

Mais où m'entraîne la grandeur

de mon sujet ? au lieu de donner un certain ordre à ce discours, je m'abandonne à toutes les réflexions que me fournit la douleur : tel est l'éloge des grands hommes, tels sont les regrets que leur perte excite, on ne peut s'arrêter lors même qu'on voudroit ; cependant tâchons d'interrompre le cours des pensées qui naissent en foule, & pour suivre l'usage divisons cette Oraison au gré de nos Auditeurs. Vous verrez donc, Messieurs, dans ma premiere partie tout ce que l'illustre SCHELING a fait à l'honneur du bon goût, & dans la seconde tout ce que lui doivent les Nations. *Fama multis memoratus in oris.* Tel est l'exercice de vos patiences & le partage de ce discours.

PREMIERE PARTIE.

L'Antiquité peut vanter tant qu'il lui plaira, ces fameux conquérans qui porterent la gloire de leurs armes jufqu'aux extrémités du monde, elle peut nous faire lire dans fes faftes les noms de tant de Philofophes, dont on conferve encore les ouvrages avec une efpece de vénération ; notre fiécle bien plus éclairé que celui d'Aléxandre & que celui d'Augufte, oublie tous ces gothiques perfonnages pour admirer un fimple Tailleur qui fçait donner des graces à l'étamine même, & galonner un habit avec délicateffe & goût. On doit, fans doute, préférer une aiguille qui fert à couvrir & à décorer l'humanité , à toutes les épées qu'on n'emploie que pour la détruire.

Tels font les progrès du génie: aujourd'hui bien plus sublime que celui de nos peres , il a acquis ce degré de perfection qui confiste à laisser le mérite dans l'obscurité , & à abandonner à l'ignorance & à l'orgueil les affaires les plus importantes , pour étudier le grand art de connoître une étoffe , & de bien juger d'un habit. Les hommes du tems passé , dit le tout aimable Rosiris dans son ouvrage sur le bon ton , chap. 2, v. 9, ne s'occupoient qu'à vaincre & à gouverner : mais notre génération plus subtile , & plus intelligente ne pense avec raison qu'à s'habiller , se friser & se parfumer :

*homines temporis elapfi nihil aliud
fciebant quam vincere & regere, fed
noftra generatio fubtilior & fagacior,
nihil cogitat, & quidem merito, ni-
fi de veftimentis, capillis & odori-
bus.*

Jugeons d'après ce paffage, des
louanges que mérite l'immortel
SCHELING. Incomparable dans la
maniere d'affortir la couleur d'un
vifage avec celle d'une étoffe ; de
faire dépenfer avec profufion,
mais avec goût ; d'allonger ou d'ac-
courcir des tailles felon les perfonnes & les circonftances ; d'é-
largir des boutonnieres ou de les
rétrecir ; de les diminuer, ou de
les multiplier ; de fupprimer des
paniers & d'augmenter des plis :
il connut les proportions & l'op-
tique bien mieux que tous nos

Géometres & nos Physiciens : les corps fous le moindre vêtement de fa façon devenoient élégans, & les boffus même qu'il avoit habillé, ofoient fe promener impunément au Palais Royal, & s'y carrer.

Le Chevalier d'Amincour qui mourut il y a neuf ans, & que tout Paris pleure encore, comme le modèle des gentilleffes & des graces, fe félicitoit chaque jour d'avoir connu le fameux Tailleur que nous regrettons ; il le comparoit à ces rayons qui colorent nos parterres ; le bon goût, quoiqu'infiniment perfectionné au commencement du fiécle, fembloit attendre le régne de notre héros pour acquérir cette délicateffe & ce rafinement que nous admirons au-

jourd'hui. Ce furent ſes veilles,
ſes travaux & ſon attention à former des éleves qui ont rendu les
modes auſſi élégantes qu'elles puiſ-
ſent être ; de ſorte que je défie la
poſtérité de pouvoir jamais pro-
duire un pareil artiſte ſi admirable, ſi néceſſaire ; mais que fais-
je ? J'excite vos pleurs au lieu de
les eſſuyer ; ne ſuis-je donc pas
un indiſcret ? Non ſans doute :
les larmes qui coulerent à la mort
de *Turenne*, de *Bourdaloue*, de
Colbert, de *Richelieu*, quelques
légitimes qu'elles aient été, ne furent point auſſi juſtement répan-
dues : il s'agit de la perte d'un per-
ſonnage, qui élégant ſans affectation, généreux ſans prodigalité,
magnifique ſans orgueil, rendit
l'or & l'argent dociles ſelon ſon

goût & selon les fêtes où il les employa.

Vous serez sans doute surpris, Messieurs, que je sois aussi avancé dans cet éloge, & que je n'aie pas encore dit un mot ni de la naissance ni de l'éducation de notre héros : comme il n'emprunta rien des autres, j'oublie volontiers ses parens & ses maîtres, pour n'envisager que ses talens personnels, il n'y a que trop d'hommes qui n'ont de mérite que celui de leurs ancêtres ; ici tout est à la gloire seule de SCHELING : il fit tout par lui-même, & nous lui devons tout.

Je me contenterai seulement de vous dire que né dans une ville d'Allemagne, où l'on ignore encore les manches à botte & les habits sans panier, il sentit dès l'âge de sept ans un génie qui le transporteroit ailleurs & qui lui mériteroit l'honneur de paroîtrè avec distinction sur le plus grand théatre de l'Univers. Ses parens, qui furent toujours honnêtes, mais toujours sans élévation & sans goût, ont beau se désespérer, le jeune Scheling part dans son troisieme lustre, bénissant le Ciel qui l'inspire & jettant un regard de commisération sur sa patrie, qu'il juge incapable de culture & d'agrément. Les fatigues d'un long voyage ne le rebutent point, & plein du grand œuvre qu'il médite, il arrive à Paris, & six mois après il s'y fait connoître, & promet des prodiges.

La fortune qui le protége lui

associe une digne épouse, dont l'élégance & la délicatesse ont surpassé toute expression : Bientôt de concert, l'un & l'autre, ils imaginent, ils perfectionnent & se rendent également mémorables dans l'art de couper & de coudre. Ah ! que ne puis-je ici vous représenter Scheling au milieu d'un magasin, fixant les étoffes selon les saisons & les années, leur assignant le prix, & le jour où se montrer ; les négocians attentifs recevoient ses décisions comme celles du maître qui seul avoit droit de prononcer.

Ce fut en 1746, tems où le goût sembloit épuisé & où les petits maîtres, malgré la fécondité de leurs expressions, n'avoient plus de termes pour désigner une couleur ; ce fut , dis-je , en cette année, que notre Tailleur unique , plein de ce discernement qui ne l'abandonna jamais , nomma *More doré*, un certain rembruni que tous les peintres mêmes ne pouvoient déterminer. Heureuse époque plus glorieuse que des monumens & des exploits ! Aussi quel honneur ne s'aquit-il pas en cette occasion ! Son éloge retentit jusqu'à la Cour , & chacun curieux de connoître un aussi grand homme , oublia ses livres & ses affaires pour l'aller voir. Bientôt sa maison, j'ai presque dit son hôtel , fut plus fréquentée que celles des Ministres , & l'on se crut dans la nudité la plus affreuse , si l'on n'étoit pas habillé par le divin SCHELING.

Ici j'entends foupirer ces perfonnes atrabilaires ; qui mécon-
tentes du fiécle, ainfi que d'elles-
mêmes, voudroient ramener l'u-
fage des cafaques & des manteaux.
O hommes de peu de goût ! puis-
je vous dire avec nos vénérables
Marchandes du Palais, que n'en-
doffez-vous une peau d'Ours,
puifque vous en avez l'humeur,
& que ne fuyez - vous dans les
forêts ? Et quoi ! vous êtes affez
barbares pour ne pas velouter vos
mœurs à l'afpect de ces magnifi-
ques velours dont nous décorons
aujourd'hui nos perfonnes, &
que l'immortel SCHELING rendit
fi fplendides & fi charmans. Souf-
frez, Meffieurs, que j'accufe ici
ma lenteur & que je me plaigne
de mon imagination, qui n'eft

point auffi rapide que notre charmant Tailleur le fut dans fes opé-
rations. Quelle viteffe d'action &
de génie, dans la facture de tant
d'habits de noces & de deuil ;
qu'il falloit fouvent finir du foir au
lendemain, & jamais une pareille
célérité ne déplaça un bouton, ni
un point ; tout fut toujours en fon
lieu, parce que tout fut toujours
compaffé & prévu par un homme
auffi vigilant qu'habile : Ses re-
gards perçans dirigoient ceux de
fes ouvriers, & fes cifeaux en di-
vifant les étoffes, en écartoient
toute la rudeffe & tous les dé-
fauts.

Parlez ici, vous qui eûtes le
bonheur de travailler fous fes
ordres, & racontez-nous comme 'l dirigeoit vos mains , &

comme il vous communiquoit cette juſteſſe d'œil & d'eſprit , ainſi
que ce bon goût qui caractériſa
toujours ſes ouvrages ; que ne puis-
je vous ſuivre dans ces différens
quartiers , où diſperſés comme autant de prédicateurs de l'élégance ,
vous avez tranſporté l'eſprit de
SCHELING , que nous vous prions
de perpétuer. Vos progrès ont cauſé
une telle révolution dans les modes,
que tous les anciens tailleurs en
furent allarmés , & que chacun
d'eux n'oſoit plus prendre la meſu-
re d'un habit, & le couper qu'en
tremblant. On crut qu'ils alloient
être enſévelis pour toujours avec
leur nom & leur deſtinée, & ils le
feroient infailliblement, ſi la routine ne guidoit pas encore un tiers
de l'Univers.

Mais un tems viendra, & ces jours ne font pas éloignés, où l'élégance de SCHELING triomphera de toute réfiftance, & fe fera révérer comme le chef d'œuvre de l'efprit humain. Déja l'on eft plus glorieux d'avoir un habit travaillé fur fon modèle, que d'avoir imaginé des reffources utiles à la Patrie, ou d'avoir joui de l'entretien d'un Philofophe éclairé.

Senéque reprochoit aux hommes de fon tems l'affectation dans la parure, parce que Senéque ne voyoit autour de lui que des Tailleurs fans goût, qui rendoient plutôt les habits ridicules qu'élégans. Si SCHELING eût été moins éloigné, & que notre Philofophe eût pu entrevoir ces agrémens & ces gentilleffes qu'on donne mainte-

nant au moindre de nos Surtouts,
il eût tenu tout un autre langage,
& malgré son humeur cynique,
il seroit devenu lui-même le pa-
négyriste de nos modes & de nos
ajustemens, & la chose n'eût pas
été surprenante, si nous obser-
vons que SCHELING se fit un
syftême de parure, comme nos Fi-
nanciers s'en font un d'œconomie.
D'abord il détermina ces charmans déshabillés que le peuple ap-
pelle *Chenilles*, & après avoir fixé
la maniere de se mettre le matin
& le soir, il décida d'un coup
d'œil, ces gracieuses robes de
chambre qui annoncent la per-
sonne de qualité, & qui nous
confondent avec les femmes du
bon ton.

Que ne dirois-je point ici de

ces habits de chasse & de voyage, dont l'élégance fait rougir ces siécles bourgeois, où l'on ne connoissoit que de la science & de la vertu. Mais parlons des diverses étoffes qu'il immortalisa : quels noms, quelles couleurs, quelle tissure, quelle beauté : velours moiré, velours cannelé, velours cizelé, velours chiné, velours satiné, velours ras, velours plein, velours à bordures, velours à queues de paon, taffetas ondoyant, taffetas pommelé, lustrine mouchetée, lustrine serpentée, dorure à glacis, dorure à flocons, galons à tresse, galons à clinquant, galons sur ruban, broderie rélévée, broderie renversée, demi-Versailles, demi-Fontainebleau, tout fut mis en œuvre & à pro-

pos par notre incomparable do-
ĉteur, qui plus habile à connoître
des étoffes que nos Politiques à
juger d'un projet, ne fit pas un
point fans en pouvoir rendre raifon.

Eft-ce-là, Meffieurs, comme
nous agiffons, nous qui ne favons
fouvent ni pourquoi nous com-
pofons, ni pourquoi nous pen-
fons, ni pourquoi nous aimons,
ni pourquoi nous fommes mala-
des. Combien de femmes excedées
par des vapeurs, qui ne pourroient
nous dire le motif qui les engage
à jouer un pareil rôle ? Combien
d'auteurs qui écrivent, & qui ne
pourroient nous definir la rage
qui les pouffe à copier tout ce que
les autres nous ont appris. Heu-
reux l'homme qui n'agit jamais par

routine & qui comme Scheling, autant Original, qu'univerſel dans ſes Idées, connoit le mobile rai-ſonnable de ſes operations. Plût au Ciel qu'on ſuivît ce plan, on ne rencontreroit pas des Tailleurs inſipides qui prennent la premiere étoffe qui leur tombe ſous la main, & qui font un habit auſſi mécani-quement qu'un Poëte Italien com-poſe des ſonnets.

Pardonnez, Meſſieurs, au zéle qui me tranſporte, & daignez excu-ſer la confuſion de ce diſcours, par la multiplicité des choſes qui ſe préſentent à mon eſprit. Qu'il me ſoit donc permis de revenir ſur mes pas, & de retracer à vos yeux notre héros, lorſque la lorgnette en main, crainte de ſe tromper ſur un échantillon, il anatomiſoit les couleurs, comme Fontenelle analyſoit les Eſprits ; il apperce-voit alors dans la plus petite par-celle de velours ou de ſatin des nuances que tout l'œil des *Pluches* & des *Reaumur* ne decouvrit jamais dans les Tulipes & les Inſectes : on eût dit qu'il s'agiſſoit bien plus que des intérêts d'un Etat, & l'on ne ſe ſeroit pas trompé.

Hommes amateurs de la moleſ-ſe, qui ne travaillez que pour ache-ter le lâche privilége de vivre dans l'oiſiveté, peut-être, hélas ! blamez-vous l'activité de SCHELING ; cependant quels éloges ne devons-nous pas à ſon goût pour le tra-vail ! Sans doute riche comme il étoit, il eût pu ſe faire des ancê-tres, changer ſon nom de SCHE-

LING,

LING , en *Schelange* , * prendre un
serpent pour armes parlantes & se
reposer nonchalemment sur des satins & des velours qu'il auroit ro-
gné : mais toujours ennemi du
faste & de la paresse , il marche à
pieds , quoiqu'il ait une voiture
vernissée par *Martin* ; il mange sur
la faïance , quoiqu'il ait une vais-
selle travaillée par *Germain* ; &
suivant le rit de sa Patrie , il ne dort
que dans un lit de quatre pieds ,
tandis qu'il est à la source de toutes les aisances de la vie. Je le vois
toujours actif , toujours laborieux
parcourir tous les magasins , chercher des ouvriers & les façonner ;
imaginer de nouvelles formes
d'habits & rendre son art plus cé-

* *Nota.* Schelange , mot Allemand , qui
veut dire serpent.

lébre, & plus intéreſſant que toute la ſcience politique. & militaire. Il n'y eut pas juſqu'aux parfums qu'il n'employât à propos, pour rendre ſes ouvrages plus élegans & plus précieux ; il trouva le moyen de les ambrer, & de les garnir de ces excellens Sachets dont le monde gothique ſe plaint & que le beau monde reſpire avec un plaiſir indicible.

Perſonne n'ignore que l'ambre, quoique fort recommandable chez les anciens, ſembloit anéanti depuis des ſiecles, qu'on ne connoiſſoit plus que de nom ce divin parfum, & qu'encore il falloit le chercher dans de vieilles hiſtoires : que fait l'illuſtre SCHELING ? ſans autre conſeil que ſon propre nez formé pour flairer les grandes chofes, il reffufcite l'ambre, & il juge qu'un habit impregné d'une auffi douce fragrance, doit délicieufement affecter les narines du bel air & renvoyer jufqu'au fond de l'ame ces titillations d'agrément & de plaifir, dont parle Pline le naturalifte dans fon ouvrage fur le fentiment.

O vous qui redoutez les parfums, & qui n'avez de goût que pour les mauvaifes odeurs, ayez honte de vous mêmes, & aprenez du grand homme que nous pleurons qu'on s'exile de la Patrie des graces, fi-tôt qu'on ne porte pas d'habits mufqués. Tout nous prêche & nous infpire les plaifirs de l'odorat : les fleurs, les fruits, & jufques à l'encens qu'on brûle à la gloire dès immortels, de forte que toute perfonne qui prend la refolution de ne rien flairer, a un nez inutile, & peut paffer pour un hors d'œuvre dans la nature. Mais reprenons l'hiftoire de notre héros, & après vous avoir montré tout ce qu'il fit à l'honneur du bon goût, examinons tout ce que lui doivent les nations. *Fama multis memoratus in oris.* C'eft le fujet de ma feconde partie.

SECONDE PARTIE.

IL en eft des peuples ainfi que des arbres, dit Ciceron, *gentes ficut arbores.* On n'apperçoit d'abord qu'une tige informe prête à fuccomber à tout vent, mais la main d'un jardinier habile furvient-elle à propos, l'arbriffeau fe fortifie; il pouffe des feuilles & des fleurs,

& produit des fruits qui charment
la vue; faisons maintenant l'ap-
plication, & nous reconnoîtrons
sans peine que SCHELING donna
tout le lustre possible aux diverses
nations qui eurent le bonheur de
s'habiller de sa main. *Gentes sicut
arbores.*

Je sais, Messieurs, qu'il y avoit
déja eu des précurseurs de notre
héros, & que Paris avoit eu des
hommes célébres en fait de perru-
ques & d'habits; mais il n'étoit ré-
servé qu'à lui seul d'humaniser cer-
tains peuples & d'operer des mira-
cles. Londres toute étonnée de se
trouver élegante & civile, jure
malgré sa haine implacable contre la nation Françoise, que
SCHELING puisa dans Paris le
grand art de la *dérosbifiser* : Amster-

dam avoue tout en fumant, qu'elle lui doit deux ou trois demi-petits maîtres qui se trouvent dans son sein. Lausanne confesse que la taille de ses habitans est bien plus humaine depuis que notre Tailleur ne dédaigna pas de les habiller. Petersbourg ose présentement citer ses Gala comme une magnificence qui fait époque. Vienne reconnoît dans ses vêtemens le génie d'un grand homme. Florence s'applaudit de ce qu'un simple ouvrier a ramené dans ses murs le goût des Medicis ; Rome trouve ses Abbés plus poupins depuis qu'ils ont entrevu quelques traces de son savoir. Luques enfin se croit égale aux plus brillans Empires, depuis qu'elle posséde preſque un habit entier travaillé par SCHELING.

Qu'on écrive & qu'on admire tant qu'on voudra la vie des *Bacon* & des *Monteſquiou* ; celui-ci dans une politique metaphyſiquée, celui-là dans un développement des mœurs & des loix, ne donnerent que de la Philoſophie ſouvent abſtraite & des ſyſtêmes qu'on ſe contente d'admirer ſans les reduire en pratique ; mais notre incomparable Tailleur répandit des graces réelles ſur toute l'Europe, & monta l'Univers à l'uniſſon de Paris.

On comble d'éloges Pierre le Grand, cet immortel légiſlateur, pour avoir fait racourcir des habits & raſer des mouſtaches, & l'on a raiſon ; mais n'en louons pas moins un homme qui fit de tous les Européens, ce que Pierre avoit fait des Russes. On ne sauroit s'imaginer combien nous sommes devenus plus agréables & plus élégans depuis l'époque où l'on s'habille selon le rit de SCHELING. On n'apperçoit plus ces longues manches ouvertes qui paroissoient des housses, on ne trouve plus ces énormes paniers qui sembloient des aîles. Tout annonce le génie de l'ouvrier. Quel prodige ! tant il est vrai qu'il ne faut qu'une seule tête systématiquement organisée pour changer la face de l'univers.

Mais suivons à la trace les ouvrages de SCHELING, par-tout où ils pénétrent : je vois jusque dans Moscow, & presqu'en Sibérie, des ornemens de sa façon,

& au de-là de Pultava , ce pays que Charles XII. lui-même ne put paffer, des veftiges de la fcience de notre admirable Tailleur. Je vois Ruffes, Polonois, Allemands, Suédois, Italiens, Suiffes, Hollandois & Efpagnols même accourir en foule à fa maifon , & demander dès la barriere de Paris, comme des Mylords demanderent autrefois *Malebranche*, où demeure SCHELING ? où eft-il ? où le trouve-t-on ?

Mais raportons des faits qui mettent le dernier fceau à fon éloge , & qui doivent paffer à la poftérité. Je les emprunterai de l'hiftoire même de la fameufe Comteffe Straubinambourg , femme hautaine , pleine de préjugés , & qui regardoit comme excommunié quiconque oſoit parler de mode, & ſe vêtir autrement que les hommes du ſiécle dernier ; dans le tems même qu'elle déclame contre l'élégance Pariſienne, & qu'elle la qualifie d'extravagante & preſque d'impie, un Prince étranger paſſe par ſes terres, l'aborde & ſe préſente ſi élégamment bien vêtu, que ſon auſtérité chancelle, & qu'enfin, malgré tout ſon ferme propos à ne vouloir pas même admirer une épingle travaillée en France, elle s'écrie, ô le charmant habit ! qui en fut l'inventeur & l'exécuteur ? A ces mots ſes fils qui n'étoient gothiques comme elle, que par complaiſance & par crainte, s'abandonnent à des tranſports d'allégreſſe, & ſe croient ravis dans le Ciel : on eût preſque crié miracle lorfque la Comteffe toujours enchantée parcourt les plis de l'ha-bit divin , & prend fur le champ la réfolution d'aller à Paris avec fa famille , faire amende honora-ble aux François ; voir SCHELING & le fupplier de devenir fon gui-de & fon oracle dans les emplettes qu'elle imagine , & dans la belle éducation qu'elle fe propofe de donner à fes fils. Déja elle eft par-tie , elle arrive , & elle embraffe le diftributeur des graces , l'infti-tuteur du bon goût , qui bientôt lui communiqua tant d'élégance & tant d'agrément , que chamarrée de toutes les gentilleffe , elle fut citée comme modèle dans la ma-niere de fe mettre & de fe pré-fenter.

Si j'ofois paffer les bornes d'un

discours, je citerois une multitude
d'exemples qui tous honorent également la mémoire du Tailleur :
combien de Seigneurs devenus
ses Missionnaires & ses Panégyris-
tes, lui ont par-tout acquis des
admirateurs & des pratiques : Ils
se faisoient un devoir, & à titre
de reconnoissance & par envie
d'illustrer leur Patrie , de propo-
ser à tout le monde un homme
si capable & si accrédité. Mille
fois nous avons vu interrompre
le discours le plus sérieux , & sus-
pendre toute affaire & toute ré-
flexion , pour s'entretenir d'un habit qui arrivoit de Paris ; celui qui
l'avoit endossé , devenoit tout-à-
coup un personnage important
que chacun contemploit , & que
tout le monde interrogeoit. C'est

par cette raison, Messieurs, que
nous pouvons mettre au nombre
des immenses obligations que nous
avons à SCHELING, celle de nous
avoir fourni les moyens de con-
verser. Nos assemblées n'ont pas
d'autre objet que les modes & le
jeu, & c'est un péché irrémissi-
ble & une pédanterie insoutena-
ble d'y dire seulement un mot
de politique ou de Philosophie.

Si nous pénétrons maintenant
dans ces vastes palais où toute affaire est suspendue par respect pour
un sommeil qui doit durer jusqu'à
midi, nous ne trouvons plus ces
Biblioteques fastidieuses, où l'on
n'appercevoit que de tristes monumens d'érudition & de génie :
mais nous découvrons de magnifi-
ques gardes-robes, où l'on étale

dans le même ordre que des *In-Folio* les trophées d'un Tailleur, qui, également habile à couper & coudre, auroit rendu le capuchon d'un Capucin même propre à coeffer un Roi.

Plût au Ciel que nous puffions jouir du plaifir de voir toutes les Nations raffemblées : ici les Ruffes tout éplorés nous diroient : voici les habits que cet homme incomparable nous faifoit : là les Anglois s'écrieroient, comment l'impitoyable Parque a-t-elle ofé ouvrir fes horribles cifeaux à l'afpect de ceux qui taillerent tant de fuperbes étoffes ? mais fi je vous difois, Meffieurs, qu'on attendoit à Lyon les décifions de SCHELING pour fabriquer de nouveaux galons & de nouvelles étoffes ; que les Manufactures restoient dans l'inaction jusqu'à ce qu'il eût prononcé ; que son goût détermina toujours celui des Négocians ; que vous ne portez pas une fleur sur vos habits, qui n'ait été dessinée par son avis, & que de Berlin même , malgré les horreurs de la guerre & la rigueur des tems , on envoya toujours jusqu'à Paris , pour recueillir son suffrage avant d'y travailler les satins & les velours. Gênes , oui, Gênes, toute superbe qu'elle est , n'a point rougi de soumettre à l'examen de notre Coriphée la tissure de ses étoffes , & la qualité ses soies , & ce n'est que son goût qui a imaginé ce magnifique cramoisi qui décore aujourd'hui les Doges dans leurs jours de pompe & de cérémonie. La Pologne s'habille prefque toute à la Françoife depuis que SCHELING y eft connu. Defcartes jouit-il jamais d'une auffi grande réputation ? Neuton fut-il autant confulté ?

C'eft ainfi, Meffieurs, qu'on parvient dans un fiécle où les arts agréables font par-tout en honneur, dans un fiécle où l'on eft grand homme, fi-tôt qu'on a le talent de fe connoître en équipages, en ameublemens, en habits, dans un fiécle où une Chanteufe eft un perfonnage divin, où le moindre concert l'emporte fur une délibération de l'Académie des fciences, où une opinion toute nouvelle appuyée fur deux bons mots, prévaut fur la croyance de tous les peuples & de tous les tems, où les révérences d'un petit maî-

tre & fes jolis propos intéreffent
davantage que toutes les décifions
de l'Aréopage , où le bel efprit
fait taire la raifon , & ne laiffe
appercevoir de mérite que fous des
habits artiftement bien travaillés ,
dans un fiécle enfin où les moindres
puérilités des Auteurs à la mode ,
paroiffent fupérieures à tout le
raifonnement des anciens & des
modernes , & où la plupart des
nations vont puifer leur fcience ,
leur efprit & leur converfation
aux fpectacles.

Périffe donc à jamais tout ce qui
ne s'accorde pas avec l'élégance
de SCHELING & tout ce qui s'en
éloigne. C'eft à lui feul que nous
voulons ériger un Maufolée , &
non à ces hommes qui ne parlent
que de l'étude de la fageffe ; mais

comment lui dreſſer un tombeau digne de ſon ſavoir, ſi tous les peuples ne viennent en foule le joncher de fleurs & l'arroſer de larmes. Venez donc vous tous qui habitez les bords de la Newa, de la Viſtule, de la Sprée, du Danube, du Rhin, de la Tamiſe, du Tybre & de l'Arno; venez rendre les derniers devoirs à un héros à qui vous devez tout. C'eſt lui qui vous civiliſa de manière à goûter les agrémens de la capitale de l'Univers, & à les exprimer; c'eſt lui qui fit autant de miniatures de vos perſonnes, & qui vous orna d'une drapperie que les peintres s'empreſſeront de copier, comme le vrai luſtre des portraits; c'eſt lui qui vous fournit les moyens de diſcourir dans vos deserts, comme on discourt à Paris, & de savoir jusques chez vous le ton du Palais Royal; c'est lui qui vous mit en état de juger de tout, & de tout apprécier. Si son industrie vous coûte des sommes immenses, & si vous lui devez peut être encore une partie de son salaire, vous savez qu'on n'acquiert pas sans depense une brillante éducation. Supputez ici tout ce que vos Parens ont sacrifié pour vous faire apprendre le latin & les loix; & que sont du latin & des loix mis en parallele avec de l'élégance & des graces!

Ah, du moins si vous ne pouvez venir honorer des cendres qui doivent vous être aussi précieuses, conservez dans vos maisons quelque habit de la façon de ce

grand homme, qui servira de modèle à vos neveux : à cet aspect
ils apprendront qu'un nommé
SCHELING, dans le dix-huitieme
siécle, aussi recommandable par
les bonnes graces qu'il savoit dis-
tribuer, que par celles qui lui
étoient propres, exista pour l'honneur de l'humanité, & que par l'ef-
fort de son génie & la multiplicité des idées il fit germer sur des
étoffes les mêmes fleurs qu'on voit
briller dans nos parterres.

On dit que certaines Republi-
ques, pour ne point dégénérer de
la simplicité de leurs Péres, ont
une poupée vêtue comme on étoit
anciennement, & qu'on représente
chaque année au peuple, pour
qu'il s'y conforme. Imitez un si bel
exemple, & faites chacun dans vos

maisons une figure habillée à la
SCHELING, que vos enfans copie-
ront comme la fixation du bon
gout, & le modéle de l'élégance.
Vous ne devez plus à vos fils des
exemples de vertu, ni des leçons
de Philosophie, le siécle vous en
a dispensé; mais vous leur devez
des airs, des manieres, des tons.

Que nous reste-t-il maintenant
à vous dire, Messieurs, si ce n'est
que les talens les plus sublimes &
les plus universels vont se perdre
dans la nuit du tombeau, ainsi que
la plus profonde ignorance. Ces
réflexions ne peuvent sans doute
naître plus à propos, qu'au milieu
de cette lugubre cérémonie, où
la terre rendue à la terre nous ap-
prend que tout n'est que vanité;
une voix puissante sort du cer-

eueil, & vient nous convaincre que nos fards, notre parure, nos odeurs n'ont qu'un tems bien limité, & qu'après quelques jours de plaisir & de triomphe, tout disparoît pour aller s'ensévelir dans le sein de la poussiere. Que d'habits, ouvrages des plus célébres Taileurs, dévorés par le tems & par les vers! Que de Tailleurs eux-mêmes oubliés, ensévelis, pour ne pas dire anéantis aux yeux de cet Univers! Ils ont passé & nous passerons comme eux, malgré toutes nos Généalogies & tout notre orgueil, qui ne nous permet pas de croire l'essence d'un roturier égale à celle d'un Seigneur.

J'ai commencé par des paroles & je finis par des pleurs. Comment SCHELING, ce mortel qui ne devoit point l'être, qui a fait tant d'honneur au bon goût, à qui tous les peuples ont des obligations infinies, s'eſt fané comme un pavot taillé par le ſoc de la charrue, *purpureus veluti cum flos ſucciſus aratro langueſcit moriens.* Ah du moins que cette oraiſon toute diſproportionnée qu'elle eſt avec le mérite de notre héros, apprenne à tous ceux qui auront la patience de la lire, que l'élégance encore mieux que la valeur militaire, a ſes héros, & que ſi SCHELING ne fut pas recommandable par ſa naiſſance, il fut plus connu, & vécut avec plus d'éclat que bien des Seigneurs qui végetent & qui digerent. *Fama multis memoratus in oris.*

Vous ſavez, Meſſieurs, la conſ-

ternation que répandit dans Paris
la nouvelle de ſa mort: chacun
ſilentieux & morne par la douleur
qui ſaiſiſſoit tous les eſprits, pa-
roiſſoit immobile & ne laiſſoit
appercevoir dé ſentiment que
dans les yeux qui fondoient en
larmes. Les boulevarts furent
abandonnés, les marionnettes ſuſ-
pendirent les fonctions de leur mi-
niſtere, & l'on ne vit au Palais
Royal que des perſonnes éplorées,
qui venoient tout en ſanglottant
chercher quelque adouciſſement
à leur chagrin. Il n'y a que la perſ-
pective du neveu de ce grand
homme qui puiſſe nous conſo-
ler. Hereuſement il vit, Meſſieurs,
il ſe porte bien & travaille preſ-
qu'auſſi élégamment que ſon digne
Oncle, dont le nom porté ſur les
aîles de la renommée remplit toutes les Villes & toutes les Cours,
Fama multis memoratus in oris.